Liz Randja

Au carrefour

des lisières

Poésie

2023

Technorédaction: Mihai Catruna et Liz Randja © 2023
Couverture: graphiste Mihai Catruna, image du net

Édition : BoD – Books on Demand, info@bod.fr
Impression : BoD – Books on Demand, In de Tarpen 42,
Norderstedt (Allemagne)
Impression à la demande
ISBN : 978-2-3220-3929-6
Dépôt légal : Avril 2023

Liz Randja

Au carrefour des lisières

Poésie

Mes oiseaux sont venus vers tes rivières pourpres,
Ivres de frais parfums et des rires perlés,
Cependant qu'ils veillent de leurs gestes ailés,
Ils laissaient de leur cœur une impatience sourde.

***

Nous marcherons longtemps aux chemins de mon ile,
Tu sauras le jasmin qui fleurit mon jardin.
Par tes baisers câlins je renaitrais. Soudain
En tes bras, je serai innocente et tranquille.

Derrière un jour passé, se cache encore un autre.
Sous le rire du vent nous courrons dans les près.
Sur ta bouche cerise et riant, tu disais
«S'il fut un temps pour tout, aujourd'hui c'est le nôtre.»

Je te connus. Heureux, je trouvais douce l'heure.
Saurons-nous quelque jour – l'avenir est partiel-
Ce qui se cache au loin, derrière l'arc-en-ciel?
Soudain, n'y tenant plus, je suis triste et je pleure.

D. V.

Préface

Liz est une amie virtuelle que je connais grâce à la poésie qu'elle partage sur un réseau social et que je lis très fidèlement parce qu'elle me plait.

Quand elle m'a demandé de préfacer « Au carrefour des lisières » je n'ai pas hésité à lui dire « oui » après être passé par l'étonnement, la fierté et le plaisir pour finir honoré d'écrire ces lignes.

La poésie existe encore et existera toujours puisque aucun rideau ne se baissera jamais vraiment sur un spectacle tant qu'il existera une personne pour l'aimer, je suis de ceux-là.

On peut trouver dans le recueil de Liz toute la complicité d'une vie que l'on boit d'un regard, d'un trait.

Des premiers vers « Je te revois sur le rebord fin d'une aurore...Parmi les rêves qui glissent en joie sonores » aux derniers « un brin de bonheur échappé d'une prière...Nos destins en clapotis sous les paupières » on peut oublier tout simplement que l'on rêve.

Les poèmes que j'ai lus ont su bercer les larmes issues des songes en multitudes comme tout autant qu'il y a d'étoiles.

Je vous souhaite les yeux vers le ciel de vous interroger sur ce mystère à la lecture du recueil " Au carrefour des lisères".

Jacques BASCHIERI dit "Vinicius"

Sur le rebord des aurores

Je te revois sur le rebord fin d'une aurore,
Accroché aux émois bleus, devant le rosier,
Dans l'opale des rosées, auprès d'un brasier,
Parmi les rêves qui glissent en joies sonores.

Comme une dentelle perlée aux plis des toiles,
Un souffle léger, le soir, est chant dans l'air clair,
Une brise sur la soie des laques mohairs,
Et dans l'univers froid le pleur muet d'étoiles.

Un rayon te noue à mon âme, o douce errance,
Et les nuits t'enlacent aux songes frémissants,
Car bientôt, sur mon front, s'endort le pont hissant,
Sous l'aile battante des jours et leurs créances.

Le cœur ne sait plus où va poser sa caresse,
Et sur la bouche pâlit un baiser secret,
Au creux des nuages, sur la peau des regrets,
Où le silence mord l'émoi jusqu'à l'ivresse.

En doux soupirs

Tu reviens aux nuits noires, o, ange d'azur,
Voilé d'amour, au fin fond des lueurs célestes,
Et moi, le cœur en pleur et un peu égoïste,
Je garde ton sourire au chevet de mes jours.

L'heure dorée éclate dans mes yeux rêveurs,
Et le vent sur les cloches en sons purs de lyre,
Trempe d'émois l'orée de l'étoile de cire,
D'un tourment inconnu, éclairé de ferveurs.

Et pourtant, l'âme erre dans l'abysse désert,
Aux creux de tes bras nus, renfermés de tendresse,
Dans le premier baiser apaisé d'allégresses,
Sous l'onde pâle des jours de cendre couverts.

Limpide, le cœur soupire silencieux,
Au fond des montagnes, des collines voilées,
Pareil au chuchotis des roses envolées,
En doux soupirs d'un arpège mélodieux.

Une pensée

Une pensée, si douce, voltige vivante,
Si loin du temps, dans l'extase de l'univers,
Recueillit les rêves, les rides de mes vers,
Une féerie qui calme cette vie troublante.

Frémissante, elle transperce mon existence,
Le brouillard du passé, les émois du regard,
Les chemins voraces et leurs désirs hagards,
Afin de prévoir l'amour jusqu'à l'éloquence.

Cette pensée, si douce, une grâce légère,
Purifie les faiblesses et mon être entier,
Réclame les liens, le frémis cachottier,
Un songe et le retour d'étoiles messagères.

Éphémère, elle coule en aube matinale,
Rythmée des attaches tortillées de rubans,
Diaphane au vent tel un frisson d'océan,
Entre le néant des cieux et l'âme abyssale.

Souffle d'automne

Sur les roches nues, parmi les feuilles fragiles,
Danse quelques rayons qui nappent d'or béni,
Les rêves qui flottent vers les abris ternis,
En source pure des vibrations graciles.

Le souffle d'automne affole l'aube perlée,
Lorsque dans l'attente, jusqu'au flux noir des flots,
Le matin s'installe, troublé par les sanglots,
Du néant qui perce l'immensité gelée.

Aux pieds de ce vaste chemin, auprès de l'eau,
Se penche l'orée escarpée des cieux lointains,
Comme un songe ingénu dans un sourire zen,
Tandis que les coups du sort charment l'onde floue.

Sur un tapis de mousse, éméchée de grisaille,
Une vague bleue plie la cendre du passé,
Parmi les émotions des cœurs embrassés,
Qui rutilent, dévoilant leur frôlement d'ailles.

Harmonie

L'aube flotte, peint sur le ciel pur cette page,
Écarte les nuages, se penche dans l'air,
Laissant naître le jour au vermeil des éclairs,
La grâce divine trémule d'avantage.

Le léger mouvement des brindilles célestes,
Béni le contour du miroir mystérieux,
Comme si son éclat n'est fait que pour les yeux,
Doux abandon surpris en goutte d'améthyste.

Tantôt, l'âme murmure au hasard de la vie,
Et la bonté se mêle au silence éternel,
Le sort exilé appelle le solennel,
Frémis flottants, langage sublime assouvie.

Ta voix émue berce le songe à ma paupière,
Sous l'ombre ridée de cils ton soupir m'entoure,
Un premier rayon frôle ce souffle d'amour,
L'harmonie se trace, limpide de lumière.

Cœur feuilleté

Sur le bord des cieux glissent les voiles d'azur,
Et la nuit, fraîche, s'enlace d'ombres discrètes,
Un rai de lune pâlit la cime coquette,
Qui semble s'égoutter en ses soupirs d'amour.

Des reflets vagues, comme des baisers plaintifs,
Errent en écho à la lueur des étoiles,
Les fleurs ondulent rêvant au fond de la toile,
Dans la langueur de leurs calices réceptifs.

L'onde s'effeuille sur ton sourire inouï,
Qui s'enlise amoureux, bercé sur ma poitrine,
Lors ta main dans la mienne, pupille divine,
S'embrasse en coupe des supplices éblouis.

Et sans effort, l'heure compte les pas du temps,
Le cœur fleurit, si pur qu'une caste étincelle,
Niché aux torrents en guirlande atemporelle,
Qui songe à ses vieilles souches et au printemps.

Sous la clarté d'azur

La nuit tombe, berce l'amour et les étoiles,
Lorsque la cendre du jour oublie l'amer sourd,
Auprès du calme qui éclaire le cœur lourd,
Sous cette clarté d'azur ou danse la toile.

Un rêve miellé s'infuse dans l'âme frêle,
Crépit sur l'écorce lisse des bruits subtils,
Sur la blondeur des lunes, dans l'air volatil,
Mûri le parfum sensuel des fleurs fidèles.

Pâmé de son désir, flottant dans sa corolle,
Un serment éclat, trouble l'aveu onduleux,
De ce baiser rubané à ton cou joyeux,
Timide et ému, en roulis de barcarolle.

Les mots s'enroulent d'extase dans leur étreinte,
Amoureux de tes bras las de cet oubli froid,
De ces maux secrets qui brisent le feu du nid,
Du temps doucereux, de cette farouche empreinte.

Aux portes de l'univers

La douce folie des jours paisibles et lents,
Étonne le temps qui passe, élance la vie,
L'air mol s'égoutte dans l'odeur des fleurs ravie,
Et sans effort monte enivrer l'ébat des vents.

Le cœur, jusqu'à l'extase, se voile de rêves,
Et l'émotion des flûtes tangue fébrile,
Sous la beauté des cieux, des étreintes subtiles,
Lors le frémis creuse le décor qui s'achève.

Dans la douceur des lumières qui se confonds,
Repose l'univers, les traits du nid en graines,
L'éclat du soleil poudré de joies suzeraines,
Qui baigne ainsi dans un amour pur et profond.

Dans mon âme ouverte s'imprègne les saisons,
Sacrée contemplation qui ascensionne,
Quand l'aura sur mon front reste pure couronne,
Je tiens entre mes bras l'émoi et le frisson.

Autour de nous

L'aube blanche flotte au-dessus de la rosée,
Sur le dos des arbustes, des ruisseaux abrupts,
Entre les collines nues et les rayons prompts,
Sous les frissons joyeux des ombres reposées.

L'odeur tendre d'automne chante fleuronnée,
Dans le jardin d'azur éveillé par le froid,
Bourdonnant de plaisir lorsque la douceur croit,
Que les feuilles restent de saveur couronnée.

La brise s'entrelace aux treilles escarpées,
Tapisse délicat les feuillages dolents,
Succombe dans le soir aux désirs violents,
Pour séduire l'air vierge des lunes drapées.

Dans cet instant pur, si clair, de gaieté baignée,
L'âme vertige au creux des soupirs opalins,
Touchant d'or et carmin les cœurs sereins,
Dans cette espace collée aux joies éloignées.

Autour de nous, se plient, ivres d'éternité,
Les rêves, afin qu'ils flottent dans tes cheveux,
Aux creux des coquillages, dans l'amour des yeux,
Et dans le tumulte des cendres fruitées.

Cœur d'octobre

Sereine et plein d'envie, en gracieux flambeaux,
L'éclat du jour frémit, bercé de solitude,
Au sein des toits ombragés par l'inquiétude,
Parmi les pâles fleurs et les bruyants oiseaux.

Sur les collines se plie libre le soleil,
Fuyant le feuillage tissé de rêveries,
Lors, a leur corsage raide de broderie,
Glisse son désir dans un chuchotis vermeil.

Au levant, par la brise, l'ivoire fleurit,
Sous la coupole des cimes aériennes,
Étincelant émoi jusqu'à l'odeur d'ébène,
Qui suit l'aurore nouvelle, inonde et guérit.

L'automne rayonne, l'or voile l'œil muet,
Contemple le feu des feuilles nues et froissées,
Erre sur les sublimes accords des pensées,
Dans cette beauté qui plane en reflets coquets.

Sur les sillons du cœur joyeux un flot jauni,
Frissonne à peine, sans écho, prés des alertes,
Dans le silence une larme s'égoutte inerte,
Sous les rebords croisés de nos cieux réunis.

Dans son vertige octobre sur mon front sourit,
M'enlace avec ses bras doux et charme mon âme,
Avec ses murmures d'amour que je réclame,
Devant ce rayon gris qui nage un peu surprit.

Je me souviens

Je me souviens de nos promesses éphémères,
Qu'ont répété sans cesse, heureux, comme un serment,
Avant que le temps efface tous nos moments,
Et que le néant nous mêle dans ses poussières.

Autour de nos cieux réunis, bleuté d'ivresse,
Flottait les cordes croisées des anges émus,
Montant jusqu'aux limpides murmures perdus,
Dans la pureté de l'air tissé d'allégresses.

Je me souviens tes yeux, cette grâce divine,
Les rêves échappés, les doux frémissements,
Quand la nuit nonchalante descend doucement,
Vers nos âmes logées sous la lune câline.

L'éclat du silence s'incarne aux solitudes,
Le bonheur soupire sous l'ombrage serein,
Souvent, mon cœur t'appelle en ces lieux célestins,
Partager, parmi les songes, la plénitude.

Amour éveillé

Au bout du chemin le feuillage s'assoupit,
Parmi les frisons du soir embaumé d'étoiles,
Quand le voile bleu des rêves couvre la toile,
Sous la joie du couchant éclatant qui frémit.

Sans effort, du tiède ciel glisse un doux parfum,
Le vent le dissipe tissant des frêles trames,
Tout au long des gouffres troublés par mille flammes,
Lors les liens de l'âme se nouent continuum.

Du contour tourmenté des vœux s'effile un vers,
Enferme l'odeur de ton cœur nu sur mes lèvres,
Flâne sur tes yeux, brise le frémis des fièvres,
Pareil aux cils d'azur, aux plis de l'univers.

Sur ton front l'onde se courbe et l'air est si pur,
Près des aurores et des lueurs argentines,
Lorsque ton souffle émeut mes lèvres abyssines,
Éveillant l'amour, comme témoigne, en plein jour.

Rêverie

Une pâle lueur colle l'ombre légère,
Aux rumeurs qui voile le pensif univers,
Autour des rameaux qui bercent l'illustre aber,
Qui semble s'endormir dans son écorce claire.

Le rêve se pointe au calice des aurores,
Laissant ses traces sur le front pur des vallons,
Au milieu du feuillage rose et des bourgeons,
Au creux du torse mou de l'insulaire flore.

Et dans la torpeur des rayons secrets de l'âme,
L'éclat, mêlé aux souples soupirs ingénus,
Ondule au flux muet des yeux pleins d'inconnu,
Pour suivre tes murmures et ta pensée flamme.

Mon cœur vient s'allonger paisible sur ta lèvre,
Le sort se déchaîne en redoutables torrents,
Monte jusqu'à ma nuit par des coulées d'argents,
Dans le baiser fondu dans un accès de fièvre.

Au chevet des nuits

Ému, un bout de ciel s'unit aux mers confuses,
Sous les voiles joyeuses fendues en éclairs,
Guidant le vent glacé à s'écarter dans l'air,
Lors la clarté tombe des étoiles berceuses.

Afin que le couchant et ses flammes divines,
Se mirent dans l'éclat de cristal, en ronds creux,
De sa lèvre de corail, son sein amoureux,
Dompte, en roulis, le baiser d'écume ivoirine.

Au chevet des nuits resplendissantes de lune,
Tes yeux d'azur, sans frisson, renoue les liens,
D'un geste, soulève l'anneau bohémien,
Et l'orage passe, entraîne le vide aux dunes.

Le temps s'échappe, l'âme limpide soupire,
L'astre bleu sur les ondes papillonne heureux,
Ondoyant les cils des songes mélodieux,
Vers les chuchotis des lumières qui respirent.

Sur le bord du ciel

Ce matin, l'âme tendre contemple le ciel,
Mystérieuse, sous les rayons de l'aurore,
L'obscurité frémit, se penche et s'évapore,
Au cœur des constellations chargées de miel.

L'orée céleste se voile des fleurs, d'encens,
Lors les étoiles s'endorment dans leurs corbeilles,
Baisers de lumière brillent sur les abeilles,
Sur les corolles parfumées d'éthers anciens.

Soudan, des nuages tournoient près du soleil,
Bientôt, des bruits brisent la nuée enflammée,
Et l'éclair brûle, la foudre crie consumée,
Les flancs des lisières flottent dans l'œil vermeil.

Et toi, tu reviens auprès de doux souvenirs,
Dans chaque souffle qui traverse la lumière,
Sur le bord du ciel humide, aux plis des paupières,
Par le frisson ému qui veut nous réunir.

À la croisée des anges

Souvent, mon âme émue trésaille et puis frissonne,
Telle la rosée sur la feuille du serment,
Lorsqu'elle desserte dans l'accomplissement,
Des cieux troublés par des étoiles en couronne.

Envieux, mes yeux vers toi épanchent leur plainte,
Les bras, heureux, s'étonnent au sein du bonheur,
Et les soupirs se mêlent au fond de mon cœur,
Puisque ta voix me murmure l'amour sans crainte.

Au hasard, le temps délire encor sur sa lyre,
Chant doux qui remous le fugitif avenir,
Qui descend sur le front, voyageur à bénir,
Au calme des nuits, sur les cimes cachemires.

Et à la croisée des anges je m'abandonne,
Aux pures lumières, dans ton cœur immobile,
Aux sillons brûlés, aux désirs indélébiles,
Aux rêveries où les chœurs d'oiseaux carillonnent.

Éclats d'amour

Vagabonde, sous les antres profonds des cieux,
L'aurore murmure, frémit à mon oreille,
Sitôt, en doux chuchotis l'amour se réveille,
Lorsque le rêve erre dans l'azur et ses eaux.

Et au gré du berceau, près de l'air pourpré d'or,
La fraîche beauté franchit la porte secrète,
Le chant mélodieux des collines s'arrête,
En grand bruit d'ailles, en nuée des condors.

A l'heure quand le matin ému de serments,
Se promène en baisers, en veux et en tendresse,
Ton visage épand un sourire, une promesse,
Qui se noie d'amour sur mes cils qui se referment.

Dessous les languissantes paupières du jour,
Dans l'âtre de nos cœurs, au bord des précipices,
S'enroule l'émoi dans un torrent de délices,
Voilant nos tempes de doux éclats tout autour.

Au levant

Ce matin, le soleil se lève lentement,
Aux sons de l'aube renaît sa douce chaleur,
Un rayon s'incline à la fragile pâleur,
Qui ondoie auprès de ma tempe en châtiment.

Tantôt, l'oiseau chante le retour du printemps,
Jusqu'à l'heure où la bise cède son armure,
Sur les molles lisières la lumière est pure,
L'air reste doux, cajole l'espace, le temps.

L'éclat vif de tes yeux bénit l'instant réel,
Lorsque le sublime matin étreint l'aurore,
Comme si nos amours s'égouttent dans l'amphore,
De la volupté suprême, reçue du ciel.

Et parfois, dans l'immensité de l'univers,
Mon front se courbe sous l'ondée de sa puissance,
Tu fais éclore dans mon âme l'abondance,
Petites perles d'amour qui arrosent mes vers.

Le silence s'implémente au temple du cœur,
Dans l'océan divin des tempêtes fumantes,
Pendant que les crêtes des rives écumantes,
Dresse notre existence au néant du bonheur.

Au fond des voiles

La lumière se penche un peu sur tes cheveux,
Lorsqu'un rayon fragile brille au cœur des heures,
La grâce divine règne dans la demeure,
Le rêve s'apaise, bourdonne sur tes yeux.

Au fond des voiles, les silences immobiles,
S'ouvre, touche l'immense azur aux ailles bleues,
Puis, devient un souffle doux sur ta bouche nue,
Tantôt se perd sur mon front où s'éveil tranquille.

Et c'est en nous que le matin nouveau se mêle,
Comme une fleur confuse sur la raie des ondes,
Frissons des lèvres, murmure d'abeille blonde,
Feu qui palpite et fleurit son chant solennel.

Dans mon âme tu as mis l'air du paradis,
Des grappes des roses, le son pur des fontaines,
Des vers endormis qui prennent vie et égrènent,
Des silences profonds en gerbes de rubis.

L'impalpable splendeur

La brise de l'aube frisonne vaporeuse,
Voilant ton sourire d'un murmure confus,
Tandis qu'au loin, les échos des souvenirs bleus,
Dans le silence tangue sur les fleurs heureuses.

Un souffle léger trouble encore la pénombre,
Dans l'inconnu mêlé aux parfums gracieux,
Sur les flancs des lisières l'or emplit les cieux,
Et le bonheur s'éveille, a la lèvre se cambre.

Le songe se mire au gouffre des cimes blanches,
Tendrement, d'un geste lascif comme un baiser,
Ainsi, flotte dans la clarté sans la briser,
Puis s'attarde dans nos yeux ardents où se penche.

L'instant s'efface devant cette heure suprême,
Et l'onde profonde éblouit les longs flambeaux,
Qui arrivent comme l'aurore au fond des eaux,
Dans l'impalpable splendeur des lueurs extrêmes.

L'éveil de la nuit

Dans l'ombre, une voix chante l'éveil de la nuit,
Voilant le cœur d'un air léger et amoureux,
Sous les cimes éternelles murmure heureux,
Le soupir troublé de ma lèvre qui bleuit.

Et voici, le songe traîne sous les étoiles,
Fond dans le baiser des lunes au creux des bois,
Respire pareille aux fleurs qui s'ouvre parfois,
Joyeuses, mais pâles, dans la splendeur des toiles.

L'étrange écho résonne, ondule sans parole,
Émeut la rose du crépuscule fameux,
Lorsque le silence immobile emplit les cieux,
Souvent, l'aile de la voûte à peine me frôle.

Un dernier voile, en frémis frêle des fontaines,
Flotte auprès de l'Éden, se penche jusqu'à nous,
Vertige infini dans l'émoi d'un rêve doux,
Tourné encore vers cette aurore lointaine.

Autour de nous

L'amour dans mon âme solitaire bourdonne,
Une fleur, la paix divine auprès du bonheur,
Lors dans son joyeux matin, le cœur féticheur,
Se penche sur tes yeux et la rose fredonne.

Le silence frémit au creux des mains tranquilles,
Mon rêve bat en toi, se mêle à tes cheveux,
Il tombe en pétales, s'éveil sur les aveux,
Puis flotte léger tel un parfum qui maquille.

Au loin, l'aube glisse sur la crête des cimes,
Sans doute, guidée par tous les anges du Dieu,
Dans le chant des bises, sur l'aile de l'air bleu,
Par ce lent moment blotti aux heures intimes.

Lourds de songe, tes cils ondulent en lumière,
Ton sourire devient frêle fleur à mes yeux,
Pensive, j'entends les chuchotis amoureux,
Aux confins fins de ta lèvre, au cœur des trémières.

Autour de nous frissonne l'aurore première,
Et l'amour éclate en écumes de bouquets,
Sous les saules, les rayons du matin frisquet,
Se brisent au bord du chemin, fin des croisières.

Un peu de toi

Un peu de silence parmi les heures blondes,
Un peu de soleil penché dans un doux rayon,
Comme ce rêve immobile autour de ton front,
Petit souffle des cieux dans l'âme vagabonde.

Un peu d'amour dans la pensée silencieuse,
Un peu de rosée à l'aube émue du matin,
Brins d'éden bleu dans les arpèges célestins,
Sous la brise qui dénoue les fleurs curieuses.

Un peu de grâce vers l'orée des nuits profondes,
Un peu de mystère jusqu'à nos draps déserts,
Qui voile de ton sourire l'air flou et vert,
En frissons des cils mêlés aux ailes des ondes.

Un peu de désir fou sur les lèvres ardentes,
Un peu de splendeur frêle dans l'écho lointain,
Des mains tremblantes sur les songes incertains,
Liant nos cœurs des paroles impatientes.

Au bord des lisières

Auprès de creux du ciel naît l'aurore nouvelle,
A travers la brise et le parfum de l'air bleu,
L'éternel silence se tresse en chant de feu,
Et flotte doucement comme un doux voile d'ailles.

Ému, l'instant frémit en divines paroles,
En souffle des eaux, des fleurs, des rêves parfois,
Déliant de mes doigts les frissons d'autrefois,
Et la pensée mouillée qui vers toi déjà vole.

Parmi les gouttes de l'aube qui me bénie,
Tes bras m'enlacent, me berce bienheureux,
Quand le soleil levant des invisibles lieux,
Au-delà des ondes, des essences se plient.

L'étrange histoire des paupières de lumière,
S'éveille, l'âme luit, touche le cœur d'amour,
L'air trémule sur la lèvre, douceur du jour,
Jusqu'aux fleurs blanches de nos profondes lisières.

A l'ombre du rêve

Au loin, un doux frémissement traverse les ondes,
S'envole, flotte et berce le rebord des cieux,
Doucement, murmure un songe aux cils des yeux,
Tandis que le pourpre pur de l'horizon fonde.

Un rayon apporte l'extase à nos paupières,
Des accords, des soupirs dans un divin secret,
Qui sommeille, courbé au creux du cou, discret,
A l'ombre du rêve qui se mêle aux lumières.

Un souffle léger frôle doucement les lèvres,
Et l'amour replonge sa flamme dans le cœur,
L'aube, voilée de rosée, baigne le bonheur,
Jusqu'à ton visage brillant qui me délivre.

Tes cheveux dévoilent une pensée rebelle,
Lorsque, de mes doigts, j'écarte un nuage errant,
Ton front se perle de désir, d'air enivrant,
Et ta bouche me sourit en chant d'aquarelle.

Sous mes doigts

Je sens comme ton regard cajole mon âme,
Lorsque les rêves couronnent les plis du front,
L'onde frôle les éclats ornés de festons,
Et la lumière enlace l'ombre par sa flamme.

Lentement, l'aurore nue glisse sur la voûte,
Dans les accords cadencés des rayons timides,
A travers les échos voilés de chants limpides,
Qui frémissent comme un baiser en goutte à goutte.

Viens, car bientôt les fleurs ouvriront leurs coroles,
Et, pareille à tous leurs murmures languissants,
Sous mes doigts mous l'émoi s'enroule agonissant,
S'effeuille sur ta joue ondulant en coupole.

Ton souffle léger m'effleure, berce ma lèvre,
L'heure est bénie, éclaire l'été amoureux,
Embrasse au creux du nid le souvenir des yeux,
Et le cœur attendri de larmes et de fièvre.

Devant toi

Soudain, un murmure tendre, à peine amoureux,
Revient sur les rêves brisés par la lumière,
Comme un torrent gracieux au coin des paupières,
Désir vermeil mêlé aux éclats vaporeux.

Et sans limite, la pensée trace les cieux,
Un sourire éclot parmi les crêtes des cimes,
Lumineuses, telles les étoiles sublimes,
Qui voguent ainsi sur les rebords anxieux.

Divins halos battent leur plein majestueux,
Depuis que l'aurore rayonnante s'abaisse,
Engloutit le temps, les vagues de la jeunesse,
Et meurt après dans ce néant mystérieux !

Du souffle du soir renaît l'écho langoureux,
Et ton regard brûlant qui cajole mon âme,
La splendeur qui bourdonne dans la joie des flammes,
Devant le sort infini qui roule les vœux.

Là, auprès de toi, mon cœur s'incline, joyeux,
Chaleur douce blottie sur ta main, sur ta tempe,
L'univers entier dans l'âme devient estampe,
Et toi, pour toujours, un amour mélodieux.

Comme un souffle léger

L'éclat du jour guide mes pas vers la clarté,
Sous le regard propice du soleil levant,
Et l'aube rayonnante murmure au néant,
Troublant l'obscurité de l'orée désertée.

Lors un souffle léger mon âme a pénétrée,
Des anges en prière franchissent les cieux,
Et l'ombre est percée des rayons mystérieux,
Sous l'azur qui traverse les ondes feutrées.

Je te retrouve dans ces sphères éclairées,
Heureux, parmi des roses, des rêves bénis,
Souffle léger qui frôle mon front démuni,
Émois qui bercent ma poitrine chavirée.

Ainsi, tu brilles comme une étoile emportée,
Habitante de mon cœur, mon berceau divin,
Qui attendri, sans frémir, le profond ravin,
Suspendu au destin, aux douleurs colportées.

Le cœur en coupe

Ta main sur mon cœur attendri encor les songes,
Sous ce nouveau souffle soumis à la douceur,
Pour faire fleurir dans mes yeux, dans la splendeur,
Tous les murmures amoureux qui se prolongent.

A l'ombre du passé, des courants, des torrents,
Dans l'eau du ciel pur, dans le vermeille de l'aube,
Parmi les festons des orées qui nous enrobent,
Auprès de ces berceaux divins qui nous dévoilent.

Le temps se mêle au calice matriciel,
La vie est une fleur aux arômes sublimes,
Et je frémis dans ton âme, feu sur la cime,
Le cœur en coupe, pleine de goûtes de miel !

L'harmonie s'élance au-delà des flancs sereins,
Tantôt, la pensée s'échappe pure et paisible,
Coule, émotion d'une grandeur indicible,
Qui ouvre l'infini et fait battre mon sein.

Dans le berceau du néant

La nuit jaillit en myriades d'étincelles,
Sous nos yeux charmés, auprès des flots de l'espace,
Vagues scintillantes vers l'infini fugace,
Dans le silence qui flotte, troublé des ailes.

Les abîmes ondulent sous le clair de lune,
Jusqu'au fond des rivages, des horizons purs,
Les rêves éclosent sous les voiles d'azur,
Frôlant nos cœurs qui roulent en vastes lagunes.

La pensée s'écroule dans le repos des ombres,
Semblable au ressac nos mains sculptent l'univers,
Trace le cours du destin, creuse échos divers,
Lors l'âme divine éblouit l'écorce sombre.

Nulle lueur ne tremble au-delà des lisières,
Le crépuscule s'assoupit au grand foyer.
Dans le berceau du néant, au bord du brasier,
Nos âmes se réunissent dans la lumière.

Auprès du néant

Éloignées, les ombres déroulent leurs contours,
Flottent, chuchotent, puis s'effacent sur les cimes,
Sous le serein miroir des lisières sublimes,
Lors l'aurore envoie ses rayons aux alentours.

L'air semble éclore, le soleil brise les cieux,
Éclats et rosée planent aux nœuds des collines,
La lumière ondoie sur les feuilles violines,
Tandis que nos regards éblouis ploient les lieux.

Et l'âme se perle, mystérieux éther,
De ces lueurs évanouies dans la poussière,
Chaque bise perce l'écume des paupières,
Dès que tes bras à mon cou viennent se nicher.

Mon cœur se plie au tienne, quel souffle divin !
La grâce nous amène face aux grandes sphères,
Où, auprès du néant, les échos éphémères,
Allument l'aube de ce profond ravin.

L'automne

Au loin, une lueur ondoie aux bords des cils,
La brise d'automne, sur les flancs, carillonne,
Quand l'aurore naît d'une fragile couronne,
Entre l'orée du jour et les soupirs vermeils.

L'air cristallin vogue sur les murs tiédis,
Autour des bonheurs perdus et des heures tendres,
Dans l'amère flamme des violentes foudres,
Sur les rameaux penchés en souffles étourdis.

Et la douceur des fleurs s'incruste dans l'oubli,
Dans leurs corolles vidées de dernières larmes,
Tandis que les couleurs vaporisées, sans forme,
Glisse dans l'éther, traîne leur charme affaibli.

Un rayon flou remue la joie des jours déserts,
Des regards, en retard, vêtent l'âme frileuse,
L'automne rougit les feuilles, l'écorce creuse,
Grimpant jusqu'au berceau de son triste concert.

Septembre

Septembre s'égoutte en petites perles rousses,
Sous un ciel immobile, brisé de nouages,
Dans ce silence lourde, muet tatouage,
Qui glisse sur les feuilles couvertes de mousse.

Lors l'air automnal vibre sous mes paupières,
L'aube répand parfum de vigne sur les toits,
Et la rosée s'évapore, elle perd ses droits,
A l'heure où la brise s'écroule sur la pierre.

Le temps entasse le vide et sèche la sève,
Le froid roule la tiède onde en catimini,
Sur les sommets creusés au seuil de l'infini,
Avant d'élancer le vif torrent sur la grève.

Mon âme gazouille entre ciel et les racines,
Bercée grâce à tes bras qui m'habite toujours,
Amour dévoilé qui frôle la peau des jours,
Petite flamme au cœur velouté de glycines.

En accord divin

Les pensées muettes s'envolent dans l'air pâle,
Au-delà de l'arôme des feuilles flottantes,
Lors le silence d'octobre à l'âme battante,
Au calice des fleurs couronné de sépales.

Le soleil est caché, beau voile de velours,
Frissonne dans le souffle des orées obscures,
En rêves assoupis sur l'aile des brisures,
Parmi le murmure où fond le frémis d'amour.

Mes yeux songent aux frêles rosées du matin,
A l'aube d'or qui emplit le ciel et la terre,
A l'univers qui chante au creux de nos artères,
A ton sourire trouvé au bout du chemin.

En accord divin s'unit nos cœurs éblouis,
Aux confins de sons sublimes, sous l'aile bleue,
Et le front troublé à peine des lueurs taboues,
Rejoint la douceur d'un baiser épanoui.

Mirage

Sur les rebords du temps, auprès de la pénombre,
Des frémissements amoureux, l'oubli, des pas,
Des vagues, ranimés par l'éclat sans fracas,
Rougissent de plaisir sous la beauté de l'ambre.

Sur le front des cieux des guirlandes de lumière,
Festonnées d'ailes, ondes, de petits nuages,
Quelques rêves dressent le seuil d'un beau mirage,
Grâce aux vents plus doux qui surgissent des lisières.

Le soleil noie les montagnes et leurs parures,
Les rives chantent l'azur sans fin éternel,
Dans la corbeille du jour un désir charnel,
Nos cœurs se rejoignent dans la belle aventure.

Perlée de tendresse, brillante de bonté,
Souriante, l'âme fleurit comme un flambeau,
Embrasse encore les souvenirs en lambeaux,
Veillant le sort tracé au-delà des contées.

Cœur d'automne

La voûte se courbe sous le poids des nuages,
Et l'air respire moins la volupté des fleurs,
Tandis que l'aurore est fragile, sans douleur,
Le matin coule estampé au creux du naufrage.

Mon regard suit la pâleur du soleil hilaire,
L'automne expire les feuilles voilées d'amour,
C'est le dernier sourire, les adieux du jour,
Qui vide le calice du sort aux lumières.

Et par-delà du vieux parfum, un chant céleste,
Ondule les émois sur nos fronts languissants,
Tes bras frôlent encore les rayons tremblants,
Qui cache le temps, le chaos du néant triste.

Dorénavant, dans mon cœur brûle ton essence,
Et mes yeux te contemplent, s'enivre d'amour,
Nos âmes frémissent, s'exile sans retour,
Ensemble on franchit l'infini et le silence.

Ébauche

La brise trésaille comme un souffle berceur,
Niché aux antres des aubes mélancoliques,
L'automne rouille les lisières idylliques,
Lorsque le ciel roux courbe les toits de bonheur.

Dans son nid, l'âme tel un subtil élixir,
Bat le rythme du silence en tons d'aquarelle,
Ton sourire ivre m'accueillit, la vie ruisselle,
Sur le cortège des heures jusqu'aux désirs.

Là, tout est calme, on songe au néant infini,
On flotte penchés aux mots nus d'émotion,
Chaque ombre vibre en bise de dévotion,
Dans l'air qui frémit d'amour en catimini.

Une sensation douce erre sur nos cœurs,
Frôlement frêle, ébauche d'une mélopée,
Feutrée de plaisir et de tendresse drapée,
Soupirs de nos lèvres qui murmurent en chœur.

L'anneau de nos âmes

Le soleil s'enflamme sous la voûte vermeille,
Lorsque l'aurore erre, fleurit dans l'azur pur,
Au sein des ondes et en rêvant à l'amour,
Il cueillit l'orée de l'univers qui sommeille.

Au levant du matin, l'horizon est tranquille,
Sous le bruit si doux qui serpente sur les flancs,
Qui se perde très loin, au détour des pas blancs,
Auprès de débris d'un chaos qui s'agenouille.

Et là, sous les rosiers épanouis en treille,
Seuls, avec le destin, avec notre bonheur,
On boit la rosée de l'aube au creux des lueurs,
À la hauteur des lisières qui émerveillent.

L'anneau de nos âmes éblouit et nous veille,
Lors l'arche des abysses glisse sur le front,
En mots, en pensées qui dévore les affronts,
Dérobant le secret à l'ombre qui réveille.

L'écho de ton cœur

Sous l'arche de la voute s'échappe la lune,
De ses rayons blonds éclot un frisson secret,
Les étoiles s'inclinent, le ciel est discret,
Lorsque la beauté miroite dans les lagunes.

Les fentes des lisières nues, tachées d'opale,
S'ouvrent, comme un reflet de grâce, de plaisir,
Fascinées, serpentent dans leur charmant désir,
Frissonnant dans la moiteur des lumières pâles.

La féerie est là et nous gâte d'un sourire,
On redevient bonheur chargé de passion,
Astres inconnus, une pure vision,
Et a chaque instant une splendeur qui chavire.

Ton rêve reste si bien caché dans mon âme,
Tel un mystère qui glisse dans un écrin,
Quand seulement l'écho de ton cœur ivoirin,
Éblouit l'abysse dans mon regard bohème.

L'éclat des songes

Je te revois encore aux creux de ma mémoire,
Songe satiné voguant devant mon cœur frileux,
D'où naissent, enrobés d'un velours duveteux,
Les mots silencieux, les larmes contradictoires.

Tandis que ta voix soupire, l'onde sommeille,
Sous les murmures qui jouent au bord de nos cils,
A travers le langage sublime d'avril,
Dans le souffle pur des anges qui émerveillent.

Je te ressens, frisson des cendres prémonitoires,
Lors l'âme errant au milieu des soirs cotonneux,
Va dérober au ciel tous ses sourires floconneux,
Au-delà du temps, près d'une tendresse illusoire.

L'éclat des songes nous berce dans l'harmonie,
Comme une douce caresse, un divin accueil,
Sur le cœur nacré et les lèvres de corail,
Céleste flamme aux paupières épanouies.

Au-delà des silences

Au creux de nos souvenirs bénis, sans voiles,
Je te respire parmi ces vagues d'amour,
Qui embellissent les aubes de mon séjour,
Lorsque l'écho de cette vie court fébrile.

Un petit rayon brise l'ombre de l'abîme,
Qui glisse, se plie, s'enferme dans son écrin,
Sous le contour charmant de l'azur ivoirin,
Qui fascine et éclaire l'arche nue des cimes.

L'éclat de tes yeux vogue en mille étincelles,
Et sur le front le désir ranime encor l'amour,
Attendri, le pas m'emporte vers toi toujours,
Si près du courant où l'onde nous ficelle.

Les murmures reposent à l'eau des rosées,
Troublés, souvent pénètre aux pores de nos cœurs,
Ainsi, les bras frissonnent et on coule en chœur,
Au-delà des silences, des beautés arrosées.

Bonheur caressant

Ta main dans la mienne, mon âme est troublée,
Suspend le soupir de nos serments incessants,
Trésaille dans tes bras, un bonheur caressant,
Qui cascade sous les cieux des vagues comblées.

Ton doux regard murmure, il lègue cette vie,
Aux chorals éternels, à la grâce du sort,
Par le souffle du vent qui grave sans effort,
La beauté fugitive, brillante et hardie.

Ton aile s'incline sur les sublimes traces,
Dans le calme des foudres en écho descend,
Se penche vers la voûte, dévoile et surprend,
Les sillons durcis dans l'intime des bonaces.

Et l'amour couronne d'étoiles nos épaules,
Nos cœurs vibrent tels des flambeaux mystérieux,
Qui s'inclinent, murmurent à l'onde des cieux,
Tandis que l'œil se colle au pourpre qu'il adule.

Divine féerie

À l'abri de nos regards, dans l'ombre penchée,
L'étoile frémissante monte au creux des cieux,
L'odeur pure des nuits vogue sur les réseaux,
Sous l'aile diaprée des lisières cambrées.

Je reste blottie au fond de tes pensées,
Pendant que ta voix est un chant mélodieux,
Dans la profondeur des soupirs silencieux,
Et au calme des heures de fleurs encensées.

Dans l'air tiède, un parfum de lune extasiée,
Sous l'effeuillement des rayons audacieux,
Vibre ainsi les notes de l'archet bienheureux,
Glissant l'arpège dans l'âme magnifiée.

Dans la divine féerie qui s'esquisse arquée,
Tombe des baisers et des rêves fabuleux,
Qui ruissellent jusqu'à nos cœurs amoureux,
Où s'évanouit en caresses démasquées.

Aux creux de l'aurore

Le regard perdu s'échoue au cœur des ombres,
Songeant souvent aux flots bleus de l'univers,
Lors l'aube rose épouse l'âme de l'hiver,
Et le rêve sublime la douceur de l'ambre.

La pensée s'éloigne, drapée ondoyante,
Comme une tendre émotion qui fleurit,
Dans l'anonymat total du jour le sort rit,
Animant la folie d'une vie souriante.

À l'orée du jour, l'horizon s'illumine
Et je m'imagine cet ailleurs inconnu,
Ta silhouette s'esquisse, instant ingénu,
D'un vieux souvenir qui solitaire chemine.

Ainsi, ton souffle vibre en rythme sonore,
Nos bras referment le passé en désaccord,
Guidant les vœux sur les hauteurs sans remords,
Vers un bonheur parfait aux creux de l'aurore.

Dorénavant, parmi les sons lointains des flûtes,
Un désir lascif rejoint l'unique serment,
Qui se dresse vers notre azur aveuglement,
Pour conserver l'air plein de parfum sur la route.

Telle une fleur sauvage

Un doux regard enflamme mon cœur perdu,
Effleurant la peau comme une caresse,
Lorsque des sourires naissent en plein ivresse,
Au tréfond des silences éphémères, ardus.

Le souvenir s'enferme simplement en moi,
Sans bruits, glisse sous le poids des paupières,
Traînant aux plis des sentiments, des lumières,
Et s'accroche aux grandes lueurs, à nos émois.

L'ombre limpide s'amasse aux creux des murs,
Puis, ondoyant sur elle-même se courbe,
Chute sur l'épaisse couche du vide acerbe,
Comme si ses reflets dessinent le futur.

Lentement, l'aurore éclate dans nos yeux,
Les pensées fondent, se noient dans les murmures,
Dissipant tous les secrets, brisant l'armure,
Frôlant nos âmes enlacées et nos aveux.

Blottie dans le silence de ton regard pur,
J'enferme le désir au déluge des lèvres,
Le frémis s'enfile à la peau, se délivre,
Telle une fleur sauvage, mystère d'amour !

Dans l'élixir divin

Tel un frisson tu traverses mon existence
Et doucement tu te poses dans le regard,
Brisant les faiblesses et l'onde du brouillard,
Pour qu'enfin, toi et moi, on vit d'espérance.

A l'ombre du jour, le vaste horizon recule,
Comme pour s'enfoncer dans le béant néant,
Attaché à son secret, à son désir troublant,
Cherchant le frémis du soleil qu'il adule.

L'azur se mire sur le bord des lisières,
Tout autour la brise courbe le songe brillant,
Et j'entends ton cœur dans le chaos ondoyant,
Pareil au bruit des mers voilés de lumières.

Là-haut, au fond de la voûte, le soir limpide
Descend, mélancolique, chavirant les flancs,
Les rayons du couchant ruissellent près du parc,
L'heure nue glisse lentement dans l'air torpide.

Tantôt, l'ivresse du moment flotte en silence,
Vers le refuge intime, penchant sur le cœur,
Dans le calme inconnu d'un baiser berceur,
Accoudé aux parfums suaves de l'errance.

Là, on reçoit le rêve au creux des rides,
Lors l'étoile caresse le velours de la nuit,
La pensée voltige et mon âme éblouie,
Amasse la splendeur des cimes candides.

La vie éclate, brûlant de charme, de joie,
Flotte dans un soupir doux mais un peu confus,
S'épanche sous la courbe de tes yeux émus,
Dans l'élixir divin, enrubanné de soie.

Quand l'âme frémit

Encor, je reste blottie au fond de tes yeux,
Dans le charme qui flotte parmi les songes,
Penchée sur ton cou l'infini nous mélange,
En gouttes de délices, calices des aveux.

Au calme du soir, le vent frôle le pas lent,
L'ombre courbe les rayons ardents de lune,
Le regard plonge pareil aux ondes jaunes,
Au seuil du cœur où les désirs se dévoilent.

Dans l'air tiède un son d'archet vibre envieux,
Effeuille l'heure, inouïe l'exquise extase,
Jusqu'à s'évanouir, flocons qui embrasse
L'arpège des confins de nos corps amoureux.

Un sourire miroite, éclair dans l'instant,
Lentement monte sur la peau qui palpite,
L'âme frémit, le bonheur se précipite,
En petits joies brûlants, en chuchotis contents.

Vêtue d'amour

La nuit se niche dans l'onde du silence
Et la paupière se noie aux plis du sommeil,
L'instant se fige aux fibres de l'aube au réveil,
Traînant comme ton souvenir dans mon espace.

L'éclat des astres valse en pas de libellule,
L'ombrage frôle nos épaules, nos cœurs luisent,
Lors les lointains rivages des cieux s'abaissent,
Nos bras, suspendus aux cils du rêve, brûlent.

Les murmures se frisent et la grâce divine
Dompte le temps, accueillit le regard ardent,
Nos corps presque invisibles allument dedans
L'âme qui enflamme les tempes ivoirines.

Sous une corolle d'opale, l'amour soupire,
Limpide, dans l'odeur fraîche d'un courant d'air,
Soufflant des mots papillon, velours sur la chair,
Ondoyant dans la plénitude qu'on respire.

Émois orchestrés

Blotti aux battements d'un temps esquissé,
En teinte doré, tissant odeurs à respirer,
Submergé dans la nostalgie qui fait chavirer,
Le matin s'accoude aux émois orchestrés.

L'automne arrive avec ses tresses blondes,
Franchir encor une fois le ciel en teint vermeil,
Sans bruit, la fraîcheur s'accroche à cet accueil,
Frôlant l'idylle d'un soir d'été parmi les ondes.

Dans l'abysse du néant un rêve j'ai déposé,
Un sourire doux pour enrichir le grand soleil,
Les couleurs subtiles des aubes sans pareil,
Le frisson qui envahit les feuilles apposées.

La rosée s'égoutte éperdue, puis inonde
Le violon de l'âme d'une lente douceur,
La foudre s'évanouie, bruisse de douleur,
Lors l'ultime valse de l'amour vagabonde.

Nos cœurs se mirent à la fontaine rouillée,
Le bout des doigts murmure au songe de l'éveil,
Je vibre près de toi, sans repos, sans sommeil,
Ancrée à l'élixir qui flotte dans l'âtre douillée.

Ton sourire

Un sourire, niché sur tes lèvres, m'anime,
Frôle ma peau noyée dans le néant volatil,
Caressant mes pensées dans la nuit ultime,
À travers l'éclat fin des lissières subtils.

De tes yeux couleur matin, jaillit mon âme
Et ta voix charmante se mêle dans mon cou,
La pensée, délicate fraicheur, se pâme,
Sous un bout de ciel éclairé par un bisou.

Mystérieux, ton sourire devient vertige,
Au rythme ému des battements de mon cœur,
Brûlant la plénitude nue qui voltige,
Vers le tréfonds du regard lourd de langueur.

Tes yeux cueillent la profondeur des lumières,
Errant sur la voie qui mène au bonheur
Et flottent auprès de l'orée des frontières,
Où l'ombrage obscur s'épanche de froideur.

Née d'un hasard, accrochée à l'existence,
Je reste blottie en toi comme souvenir,
Attendrie par ta voix bercée de confidences,
Rêvant, je m'assoupis au cœur de l'avenir.

Drapée d'amour

Troublée par le vent, égarée par l'avenir,
Caressant la faille des folies veloutées,
Elle reste au creux des vagues nuitées,
Le manque au bout des doigts, voilée de souvenirs.

Esquissant le froid fin en perles de désirs,
Elle flotte, se mire aux regards éblouis,
Drapée d'amour, soie fragile tissant les nuits
Du bleu, silence qui charge l'azur de rire.

L'écho des secrets silencieusement semées,
Sous la saveur de ce temps qui apaise le soir,
Son bonheur reste dans les bras grisés d'espoir,
Effleurant les murmures de ce cœur aimé.

Projetée contre l'émoi, au-delà des rêves,
Elle va cueillir au creux des lèvres l'aveu,
Pour apposer dans l'âme le sceau mélodieux,
Entourée par le bruit rouillé des heures brèves.

L'onde frais frémit, l'ombre déserte s'écroule,
Sur les toits des cieux qui se penche sur son front,
La solitude dans son cœur comme un affront,
Elle descend jusqu'au frisson qui défoule.

L'oiseau

J'ai vu au loin, sous l'ondée du jour, un oiseau,
Son rêve d'azur défile au grain de ses yeux,
Ses ailes s'entremêlent, d'amour arrosée,
Lors, au cœur des caresses, l'âme s'est posée.

Sur ses plumes dorées, dans son regard muet,
L'automne c'est ancré cachant tous ses secrets
Et son cœur en soupir, au creux de l'aube aimée,
Frôle le songe des saveurs réanimées.

Ce jour, tout en couleurs, soulevés par le vent,
Est si beau, comme un émoi apposé, survivant.
Assise derrière l'arc-en-ciel, en pensées,
Je reste auprès des prières que j'ai déposées.

L'éclat du soleil trésaille dans ses aveux,
Défile à l'horizon naissant du renouveau,
Effleurée d'un sourire, d'une envie adulée,
Je glisse mon désir vers cette vie esseulée.

Il y a des jours

Il y a des jours, tel le silence de mon âme,
En caresse, à vouloir d'étincelantes gammes,
Lors sur les cils des nuits un baiser égaré
Va s'accrocher aux creux de tes lèvres effleurées,
Tissant l'amour en silence, en vœux décousus
Vers ce chemin qui vogue en rafales sans issue.

Il y a des jours, tel un soupir dans ton âme,
Tombant en poids de pensées, glaçant les larmes,
Sourire triste, fondu sous un clair de lune,
Au temps d'un futur perdu au gré des lacunes,
Velours des pas perdus, souffle en mots déposés,
Brisant les regrets sous la pluie des cieux passés.

Il y a des jours, tel un fil d'eau, doux clapotis
Sur le sommet du désir, tendre chuchotis,
Vers toi, sans cesse, sur tes lèvres entrouvertes,
Fuyant tes regards au loin des cimes désertes,
Enveloppant d'écho nos doigts, drapant la flamme
De ta bouche contre moi, sur mon corps de femme.

Comme un souvenir...

Comme la brise au creux des lagunes éthérées,
Vers l'horizon cette nuit j'irai voler,
En chaque pore mon amour va vaciller,
Lors ton visage s'esquisse en étoile azurée.

Comme des mots lancinants au fond des pensées,
Vers ta présence, dans l'ondée de ton cœur,
J'irai tracer sur un baiser, en profondeur,
Une jolie rose, frisson éternisée.

Comme la douceur semée de gouttes airées,
Vers l'astre attardé au gré du soleil levant,
J'irai caresser l'aube en pluie de diamants,
Qui tombe sur le désir des cimes givrées.

Comme la faiblesse des marées enchaînées,
Qui dévoile la symphonie des jours fragiles,
J'irai dans le tourbillon d'un trait volatile,
Tisser sur ta bouche ma flamme diaprée.

Je t'ai dessiné

Ce soir-là, voilée d'une onde de tendresse,
Je t'ai dessiné telle l'étoile de mes yeux,
Pour te garder à jamais dans mon ciel plumeux,
Posée sous une cascade d'allégresse.

Tu es le rêve qui d'un baiser ma frôlée,
Lors, bercé par des vagues se perd en torrent,
Béant plaisir qui trouble le flot chavirant,
Dénudé dans les plis d'une pensée volée.

J'ai semé ton rire en cascade de caresse
Et j'ai plisse l'horizon entre nos bras nus,
Éclairant l'étreinte d'un azur inconnu,
Quand l'extase des cils est lourde d'ivresse.

J'ai gardé des bribes de vies entremêlées,
Des vieux silences dans la mémoire de ta voix,
Et tous ces flambeaux cachés derrière un choix,
Qui étouffe le vide de nos aubes affolées.

Avec toi, mon cœur bat en ailes de libellules,
Emportant l'amour égaré au miroir du feu,
Saupoudrant nos corps de frémissements bleus,
Jusqu'au velours de la lune somnambule.

Ce soir

Ce soir, j'ai recueilli ton rêve d'amour,
Il a frôlé mon existence pour toujours,
Lorsque l'étoile au fond de la voûte éclore,
Je l'ai senti déjà au creux de mes pores.

Fragile, ta silhouette m'apparait souvent,
À travers l'infini qui s'enroule dans le vent,
Sur le chemin ombreux, petite feuille blanche,
Feu béni, doux, comme l'émoi qui s'épanche.

Ce soir, tes yeux amande ramassent l'or bruni,
Qui tombe en goutte du néant prémuni,
Parmi les rayons des lunes sur les branches,
Sur le sol froid qui s'écorche en avalanche.

Tes bras frôlent le désir muet de mon cœur,
Et puis nos corps suivent leur rythme séducteur,
Pendant que nos âmes valsent dans la lumière,
Dévoilant le secret penché sous la paupière.

Au cœur des cieux

Dans un doux murmure l'émotion s'abîme,
Ce soir, son trouble s'amasse au creux du nid,
Dans l'attente de nos songes l'étoile a froid,
S'enfuit, voltige dans la splendeur qui s'anime.

Au cœur des cieux je sais une voie parfumée,
Déserte, mais toujours arrosée de jasmin,
Qui nous guide vers la fièvre du long chemin,
Comblant l'infini par sa rosée écumée.

La caresse de ton regard nu, m'enivre,
Transperce l'existence, touche le désir,
Devant un temps d'orage, au miroir du plaisir,
L'envoûtement aux délices me délivre.

Rêveuse, je t'offrirai l'aurore enflammée,
Sa force diaphane vibrant sous le vent,
Des pensées en chœur qui imite si souvent,
Les délices du ciel, de grâce sublimée.

Tu es...

Tu es cette douceur qui caresse le cœur,
L'onde de lumière qui fleure l'absence,
Les pensées creusées en moi, l'impatience,
L'unique souffle qui m'entoure avec ardeur.

Tu es beauté, le rayon de mon univers
Et le désir tendre qui remplit mon âme,
La rose parfumée qui sème la flamme,
L'aube éveillée des printemps en colliers.

Tu es l'effleurement d'un rêve dans mon ciel,
L'abysse des pluies qui tombent en cascade,
L'instant éternel d'un baiser sous les arcades,
L'étoile des nuits veloutées, l'essentiel.

Tu es juste mon bijou, le fond de mes yeux,
L'émoi qui vibre, l'éclair de ma paupière,
L'amour qui luit, l'onde claire des poussières,
L'envoûtement en gouttes perlées des aveux.

À l'ombre de ton regard

Ton regard romantique inonde tous mes sens
Et ton doux sourire d'amour me fait renaître
Dans l'élixir d'une passion ancêtre,
Dans l'émotion des sentiments anciens.

Dans la profondeur, à l'ombre de ton regard,
Je couche ma vie, comme une dernière envie,
Qui flotte sur mon corps, dénudée, assouvie,
Aux couleurs océan naufragés au hasard.

Le sort nous lie, la joie frémit vers l'infini,
On reste blottis aux creux de la tendresse,
Fleur de mille rêves fous qui me caresse,
Ouvrant l'âtre de ton cœur en catimini.

Je m'égoutte encore à l'ombre de ton regard,
Imprégnée de désirs, sur ta peau brûlante,
Tu dénude ma solitude accablante,
Qui t'effleure telle une fleur, parfum hagard.

Auprès des friselis...

J'ai traversé les abysses nus qui pleure,
Et le soir j'ai noué mon rêve a ton sommeil,
Sur le rebord de tes draps un baiser vermeil,
Frôle ma peau lorsque la douceur m'effleure.

En silence, l'âme frôle le cœur des flûtes,
Enroule doucement la folie des serments,
Troublant notre destin, oubliant les tourments,
Sous les étoiles cristallines qui m'émeute.

Près de toi, dans un éclat de mélancolie,
S'échoue un songe bleu, cendré de nos secrets,
L'univers se lève à l'aube, frisson discret,
Et puis s'en va dans l'air humide qui nous lie.

Ma pensée te vête de l'ultime romance,
Dans cette beauté qui sourit à ton réveil,
Auprès des friselis dentèle de soleil,
On retrouve notre espace, notre béance

Au seuil des cimes

Ce matin, le vent chante, le ciel se colore,
Lorsque l'aube éclate en feux divins sur la mer,
D'où jaillit des taches qui ose se pâmer,
En larmes d'amour, en saule de décore.

À l'horizon, des vapeurs de l'éther rose
Vibre dans l'âme de porcelaine en aveux,
En clapotis vermeil d'un rêve merveilleux,
Vers les sommets ivres des beautés, des choses.

Là-bas, si haut, au seuil des cimes dernières,
Tous les cœurs purs se croisse en frémis de torrent,
Rêvant des lissières dorées, du feu brûlant,
D'émoi sacré, de l'amphore des lumières.

Le souffle doux du jour bruit en jeunes rires,
Flotte sous la brise tel l'éclair innocent,
S'écume en vrille d'allégresse, si puissants,
En vague sourde qui soupire et chavire.

Sur l'infini étrange d'un songe tendre,
Il est de lointaines désirs, vieux de mille ans,
Courbés comme les ancêtres des océans,
Greffés sur la ligne des mains à attendre.

Au bout des doigts

Sous l'éclat du ciel bleu, a la pure lumière,
Je t'ai vu parmi les éclats des frontières,
Traversant la beauté solitaire des jours,
Qui fait tressaillir encore le cœur d'amour.

Tantôt, j'ai cueilli l'heure émue par la douceur,
L'étreinte câline, l'âme frais des splendeurs,
Lors l'ombre s'enfuit, l'astre d'or brûle l'instant,
Caressant le chemin d'un rayon éclatant.

Sous la voûte bleutée, je me suis envolée
Vers un jardin divin, en lueur étoilée,
Pour glisser sur ta peau, te prenant dans mes bras,
En reposant mon cœur qui te suit pas à pas.

L'éclat de tes yeux, tapissés de tendresse,
Me fait envoler vers gracieuses caresse,
Comblant tous mes désirs, respirant l'éternel,
T'épousant en ton du crépuscule charnel.

Vers la fin du jour, en guirlandes déposées,
La magie des baisers ton cou vont effleurée,
Je t'ai aperçu, souriant, au bout des doigts,
Et j'ai touché, sans peur, cette lumière en toi.

À travers l'émoi

Je voltige parmi ces couleurs étoilées,
Dans l'extase de mes pensées, cœur à la main,
En ces nuits douces, pleine de caresses, sains,
Amassant la beauté aux paupières voilées.

Bénie, je m'incruste entre ciel et ton âme,
Là-bas, où l'horizon impose sa splendeur,
Cherchant la lueur au gré du vent baladeur,
Sur le chemin comblé du parfum des flammes.

Sitôt, ton regard transperce l'existence,
Mon songe d'opale fond, soupir de velours
Qui s'imprègne sur ta peau, aux draps, pour toujours,
Tourbillon céleste déployés d'absence.

Je t'offre mon être en gouttes d'éternité,
À travers l'émoi qui s'épanche en rayons blancs,
Qui s'ancre à l'abysse de tes yeux mystiques
Et au bonheur pur, nappé de sérénité.

Sous la voûte bleutée

Ton regard fleurit dans la lumière pure,
Lorsque l'aube renvers nos aveux enjôleurs,
Dans l'ondée qui dévoile un frisson cajoleur,
Sous la voûte bleutée, comme une parure.

Tout à coup, l'âme des songes se confesse,
Empreinte qui garde nos sursauts duveteux,
Mon cœur revêt chaque battement fiévreux,
De mots éparpillés en muets caresses.

Doucement, j'entends ta voix calme, sonore,
L'amour nous sourit et puis ruisselle en émois,
Le soleil brûle, cueillit le feu qui est en moi,
S'envole dans la profondeur qui éclore.

L'éternel se déride, essence limpide
D'un arpège qu'on respire mélodieux,
Au creux de nos pores voilés, silencieux
L'ivresse éblouit, glisse, lente, torpide.

Je songe

Je songe, blottie au creux du cœur, d'infini,
Parmi les mirages, de ferveur imprégnée,
Qui morcellent toutes les esquisses fanées,
Frissonnant avec lenteur en catimini.

Un soupir confus miroite, cascade en cieux,
Si doux qu'on dirait que ta voix c'est la source,
Suspendu à ton bonheur l'amour nous berce,
Ruisselant, en éclairs de peau, au fond des yeux.

Tu plonges, avec ton sourire, dans mes bras,
Comme l'astre bleu qui défaille en chandelle,
Lorsque des fauves frémissants s'amoncellent,
Pareil aux désirs vifs emportés par les pas.

Sitôt, je glisse aux plis de tes cils, fin parfum,
Fascinée par instant de ton âme grisée,
Je cueille l'émoi de ta bouche anisée,
L'intensité et le vide en goutte d'opium.

Mirage d'orfèvre

Une brise douce joue dans l'ombre tiède,
Vibrant en lueurs divines, en son d'archet,
En pluie de poussière, sensible trébuchet,
Effeuillant le temps inouï qui succède.

Sur la pointe du jour le cœur jouit d'extase,
Magie qui explose en teinte rouge soleil,
Flamboie l'âme d'exquis flocons d'or au réveil,
Parmi les murmures qui peu à peu s'embrase.

On se retrouve en escapade tendresse,
En perles évanouies au fond de nos yeux,
Au parfum des fleurs et les rêves radieux,
En mots d'oiseau brodés d'encens, de caresse.

Habillée en soie, je frémis sur tes lèvres,
Désir lascif enlacé au sein de l'amour,
Dénudant la rosée qui fleurit tout autour,
Gravant ton nom dans un mirage d'orfèvre.

Désir en flambeau

Le soir voile le ciel en tons d'améthyste
Et le silence aveugle le nid nuptial,
Au loin, je sens le souffle du vent glacial,
Qui sonne, se brise étouffé de pleurs tristes.

Des reflets gorgés de soie, aux brillants couleurs,
Dévoilent le discret passage des soupirs,
Pour qu'un rêve inconnu se noie dans l'avenir,
Dans le vide suspendu aux doigts cajoleurs.

L'orée trésaille, pâlit, fanée de sève,
Tout tremble et nous on frôle l'abysse éternel,
Douce chute du vague avide de tunnel,
Qui tournoie en spirale, éclat qui s'achève.

Mon émoi ouvre la rose sur ta lèvre,
Dénude désormais le désir en flambeau,
Jusqu'au fond frêle de mon cœur couvert de beau,
Lorsque la soif s'abreuve, puis nous délivre.

Seras-tu l'amour de mon âme immortelle,
Qui courbe l'envol de mes bras agonisants,
Car nul souvenir ne tombe en larme du vent
Et nos aveux deviennent rosée d'aquarelle.

Murmures silencieux

Le parfum des nuits émeut la rumeur du vent,
Attendant vers l'horizon l'aurore nacrée,
Lors la moiteur des matins s'égare souvent,
Au rebord du ciel, à la lisière ajourée.

Tes yeux bleutés me troublent, émotion lente,
Sans savoir trop pourquoi, se ploie dans un baiser,
Fleurit sur ta lèvre et puis s'éloigne absente,
En murmures silencieux pour se briser.

L'azur flotte, fléchit au passage du temps,
Les anges veloutent l'instant d'éternité,
Un papillon s'abreuve à la fleur du printemps,
Rêvant d'infini et des bonheurs esquissés.

Au loin, la rosée franchit mélancolique,
Le calice éclatant qui s'étanche au soleil,
Glisse en goutte d'or sur les temples rustiques,
Où le sablier dame le sort volatil.

Au rythme de l'amour

Les mots s'allongent, brûlent ta bouche ébranlée,
Ivresse mêlée au béat désir ardu,
Attendrissant l'émois aux doux charmes venus,
Glissant sur l'aurore écumante et déferlée.

L'azur jaillit d'une chute silencieuse,
Effleurant les battements de ton cœur si pur,
Ainsi, les temps mystérieux creusent les murs,
Nous accompagnant d'une voix mélodieuse.

Au rythme de l'amour nos âmes respirent
Et tous nos rêves se mirent dans ton regard,
Parmi les souples méandres du vieux brouillard,
Qui, tel le bruit des mers, tombe et soupire.

Tout autour, sans repos, la pensée fébrile,
Trésaille sur la tempe dans un long frisson,
Les bras chuchotent, s'enflamment dans l'abandon,
Rayant l'ardeur aux sèves qui se dévoilent.

L'*émoi des yeux*

Sur l'aile des nuages les rêves tournent,
Dévoile le vide, entasse l'émoi des yeux,
Aux premières langueurs du matin heureux,
Qui plonge et drape dans l'éclat l'orée morne.

Et puis, dans chaque instant feutré de lumière,
Je sens la douceur qui coule en tièdes frissons,
De ta bouche jusqu'à mon cœur dans un doux son,
Évoquant l'azur qui flotte entre frontières.

Tes bras m'effleurent, douceur et caresses,
Ondée au fond de l'âme, tu es mon secret,
Exquis parfum d'amour, éparpillé discret,
Qui voile ma peau abreuvée de tendresse.

Je garde ta joie, j'enlace ton long sourire,
Tu es ce bonheur suspendu au bord des cils,
La chute de l'éternel torrent à l'éveil,
Qui descend cueillir la volupté en délire.

Comme un brin de bonheur

Comme un brin de bonheur, si doux et délicat,
Tu frémis, suspendu aux plis de mon âme,
Pour un instant, tu palpite, éclair de flamme,
Parfum au goût charnel sur ma lèvre nacarat.

En note d'amour, je souris, désir flottant,
Au bord des yeux l'émotion est vivante,
Enrobant le souffle en passion brûlante
Et, lentement, les soupirs s'enlacent ardents.

Regarde, sur ton front flou je deviens soleil,
Pendant que le matin descend de l'aurore,
Devant le voile fixé de chants sonores,
Qui tournent dans l'air subtil avant le réveil.

Sur l'aile du rêve vibre, serpent le jour,
Rayons blancs s'enroulent en écho qui éclate
En treille sur la grève et en vagues béates,
Lors, on vogue heureux, le cœur ouvert, pour toujours.

Au lit de l'aube

La voûte, s'allume dans le regard profond
Et, dans le calme parfait vibre d'harmonie,
Se nimbe d'or par les rayons du soleil blond,
Qui penche son front sur le jour en agonie.

Un souffle imperceptible, un tendre chuchotis
M'inonde, signalant le cortège des anges,
Palpite vif au creux du temps anéanti,
Guidant mystérieux nos saisons étranges.

Un frisson passe, chemine mes bras vers toi,
Suivant, attendris, tel un torrent d'écume,
Les courbes de ton corps, avalanche sans loi,
Respirant le présent doux qui nous parfume.

Tu t'attarde, empreinte claire en mille reflets,
Chatoyant en frange de flammes douillettes,
Brisant tes songes attiédis, incomplets,
Au lit de l'aube semée de violettes.

Les songes

Lentement, le fremis des songes se brise
Discret, sur tes lèvres, dans le secret aveu,
En chuchotis, comme une caresse exquise,
Accueillant l'émoi du sourire duveteux.

L'ombre du soir fonde, les songes agonisent,
En bonheur qui surgit du bout des doigts en feux,
Sous le ciel de corail le calme s'harmonise,
Dans l'éclat du baiser qui ondoie amoureux.

Le souvenir dans l'âme a le goût des cerises,
S'accord au clavier de nos mots mystérieux,
Aux poussières de la lune qui s'éternisent,
Dans l'effleurement doux des paupières aux yeux.

Les songes glissent, brassage qui hypnotise,
Drapant le cœur d'un souffle léger, envieux,
Là-bas, où l'union promise s'opalise,
Aux rayons dentelés de reflets radieux.

Mon âme

Mon âme est le reflet des voûtes faïencées,
Allongée dans le grand miroir de l'éternel,
Branlant d'amour, sensible instinct passionnel
Qui grave au cœur l'âtre des ondes enlacées.

Comme un torrent d'eau pâle s'envole voilée
Vers les plus profonds secrets, vers l'émoi pur,
Lors les mirages semblent trop lourds sur les murs,
Frissonnant à la croisée des pensées exilées.

Mon âme, comme autrefois, une coupe ailée,
Aux bras des anges, berce l'archet du souvenir,
Musique qui va fondre, harmonisant l'avenir,
Sous la caresse d'une tempête céleste, étoilée.

Depuis des siècles effleure les nuits romancées,
Flotte dans le néant, au pied de l'horizon bleu,
Croisant ses rêves ingénus aux sanglots du feu
Et traverse le vent, ivre du vol sublime, cadencé.

En vol argenté

Soudant, un doux murmure ondule les pensées,
Jouant à l'émotion, voguant en écho d'or,
En flot des mots au fond des âmes embrassées,
Flambeaux frissonnant dans un sublime décor.

Le matin dévoile la pâleur angélique
Des rêves qui se noient, perdus dans le néant,
La rosée fonde sur la voûte idyllique,
Illuminant les plis des abysses béants.

À l'aurore le chœur vif des heures s'agite
Et ton baiser, larme d'amour, s'incarne en moi,
Lors la raison, pareille à la douceur confite,
Devient voix pure, tachée de gouttes d'émois.

Les bras nus, écumes libres dans la brise,
Se lève, au seuil des soupirs froissés et vermeils,
Pour t'accueillir près des cimes qui agonise,
Vol argenté d'aile qui flamboie au soleil.

Lors l'âme vibre

Au lever du soleil, les vagues nus des mers
S'enflamme, s'agitent, poursuivant les chimères,
Vers l'aube qui respire le bonheur d'aimer,
Tremblant dans l'extase des baisers éphémères.

La rosée, effleure l'air au réveil du jour,
Tantôt, le ciel s'allume, la brise chantonne,
Illumine les songes fanés, sans retour,
Parmi les plis des nuages qui frissonnent.

Auprès de toi, chaqu'un des mots se vêt d'azur
Et le matin nous sourit, dentelle les arbres,
Arômes friquets séduisent le soleil pur,
Écoulent leur candeur fine en teinte d'ambre.

La nostalgie frémit et berce avec lenteur
L'instant, le calme nous rend en équilibre,
Dévoile le chaos, évoque les senteurs,
Lors là-haut, en ruisseau d'amour l'âme vibre.

L'hiver

Du ciel s'égoutte l'écho des perles blanches,
Sur les courbes des jours, des silences gercés,
Brisant les rêves lors l'absence se déclenche,
Au fond des cœurs noués aux serments écorcés.

La pensée soupire sur l'archet des violes,
Des sons très doux s'enroulent en bribes des mots,
Sous le roulis des vents écroulés en corolles
L'âme pleure ses larmes sans aucun sanglot.

Le désir s'effrite, tombant goutte à goutte
En baisers d'aveux, comme c'était autrefois,
S'échappe de ses doutes, restant à l'écoute
Et glisse en dernier émois encore une fois.

Le cœur s'exile dans sa blessure secrète,
Murmurant sous le dais limpide de son nid,
Palpite en rayons penchées en voiles discrètes,
Mêlant son essence aux astres, dans l'infini.

Au rythme de son cœur

Dans ce lieu magique elle reste fidèle,
A son instinct divin, à l'exile frileux,
Comme si quelques vies passent devant elle,
Pour se rappeler la pureté de tes yeux.

Par instants, de ses fines lèvres se dérobent
Des mots rimés qui font des doux frémissements,
Courbés par les vagues limpides de l'aube,
Harmonisant toujours le moindre mouvement.

C'est dans la lumière, quand devient légère,
Qu'elle va encor sur les chemins anciens,
Pour retrouver ses racines millénaires,
Les ailes ondulées du destin terrien.

Au rythme de son cœur, noyée dans l'ivresse,
Sa voix, un peu triste, va brûler les tourments,
Choyant ton regard avec charme et finesse,
Soupirant au fond de l'âme un lascif serment.

Lors l'ange passe...

En douceur, tel le frémis d'une nuit bleutée,
Un ange passe, petit souffle en fleur d'émois,
Vers le rêve promis d'une larme voûtée,
Vers l'infini radieux qui trace nos choix.

Lentement, il frôle nos âmes dénudées,
Qui s'élancent, se précipitent en torrents,
Il sème l'amour des étoiles transcendées,
Dans l'azur des yeux dardés de feux inhérents.

Sous l'horizon il glisse des flammes brûlées,
Berçant les songes, affolant les chuchotis,
A l'instant je posse sur ta bouche adulée
Un doux baiser, et mon sang vibre en clapotis.

L'éclat des orées de volupté parsemée,
S'incline sur ton cou comme un parfum secret,
À travers ta peau ma lèvre tangue frimée,
Exquis désir velouté qui flotte discret.

Au carrefour des lisières

L'aube éclot sur la courbe frêle de l'âme,
Le temps d'un sourire, d'un battement de cœur,
Allégée, elle ondule, tremble de bonheur,
Frôlant nos songes perdus avec sa flamme.

Le jour, au long du ciel, en spirales tournoie,
Pliant le temps, le souvenir tout contre moi,
Lors la soie des formes, des gestes, des émois,
Trouble la caresse nue qui tantôt se noie.

Paisible, l'empreinte de nos pas se brise,
En sons surnaturelles, portés par les vents,
Vers la voûte drapée de mystères souvent,
Où veille l'amour serein qui cicatrise.

Au carrefour, encor frileux, des lisières,
On reste liée aux désirs, comme les oiseaux,
Aux flancs d'émeraude de ces pays terreux,
Voguant en légende ficelée aux paupières.

Dompté par le désir

Emue, la nuit enferme sa candeur en moi,
En éclat d'étoiles, en clarté sublime,
Fouillant les pensées sur la tempe des cimes,
Sur les étangs verts des lunes et leurs parois.

Des étincelles se courbent, rubans odorants,
Parmi les grands murs exilés en silence,
Vidant en chatoyant le poids de l'absence,
Devant le vitrail ouvert des ciels enivrants.

Et ton regard si tendre se penche sur moi,
Jonché de rêves, d'amour et violettes,
Comme si c'était l'âme nue et discrète,
Vêtue de voiles de pureté, de joie, d'émois.

Dompté par le désir tu humes l'infini,
Le charme des yeux où l'automne demeure,
Toutes nos étreintes et les baisers qui pleure,
Et la douceur fondue en mots indéfinis.

L'exquis hasard

La rosée de l'aube s'égoutte en diadème,
Éclairant le jour parmi les parfums discrets,
Tissant la grâce en songes fragiles, secrets,
Au creux de nos cœurs émus, comme un emblème.

Soudain, ton sourire velouté me frôle,
Tes yeux fleurissent, délicat jardin d'amour
Et ta main vacille de désir pour toujours,
Flottant en brise, en notes de barcarole.

Un frisson se brise, perce l'éther tiède,
Glisse sur ma lèvre, butine mon regard
Et embrasse le soupir de l'exquis hasard
Nuancé de nos bonheurs qui se succèdent.

La cime azurée descende au fond de l'âme,
Lors les cloches du ciel, à chaque carrefour,
Avec leur voix vive, dans la lenteur du jour,
Tintent nos troubles dans le vacarme calme.

Nos rêves vermeils, irisent l'aurore,
Couronne et refleurit le lendemain joyeux,
S'enveloppe dans le mystère des aveux,
Où monte l'odeur de lilas en fleurs encor.

Au temple de l'âme

Le ciel du matin est si léger et l'air pur,
Dévoile un soupir, la douceur sourit tendre
Et s'effrite dans l'azur clair sans attendre,
Sous un soleil béant qui éclaire les murs.

Le cœur éclate, rêve à la candeur du jour,
Autour des rayons dardés au bord de l'aube,
Voguant, en secret, jusqu'aux vieux temps qui titubent
Aux creux des mots, de tes lèvres au goût d'amour.

La pensée ondule, resonne auprès de toi,
Me berce, frémit, en rythme de mandoline,
Instant qui passe avec lenteur, magie divine,
Au-dessus de toutes douleurs, de tristes lois.

Au temple de l'âme un désir inassouvi
Frissonne toujours dans tes yeux et me hante,
Contemple, flotte sur ta tempe affolante,
Radiant exalté lorsque je t'ai suivi.

À l'ombre de tes cils

Tes yeux se penche sur moi, douceur câline,
Tantôt, m'effleure et j'ai envie de t'approcher,
Et chaque pore a le désir de caresser,
L'instant exquis, cette flamme violine.

Je garde toujours un peu de toi qui brille,
Car, au bout de mes doigts je sens l'émoi subtil,
Lors le temps s'arrête à l'ombre de tes cils,
Comme si, malgré tout, ton amour oscille.

Aux recoins cachés de l'univers, mon âme
Perle l'aurore d'une symphonie sans fin,
Dévoilant la vie qui rêve sur le chemin,
Quand je m'en vais, éperdue, sans mélodrame.

La grâce nous trouble, dentelle d'orfèvre,
Luit, tel un reflet d'opale à travers le cœur,
Légère, elle songe, elle monte avec candeur,
Vers la lumière où l'inconnu nous délivre.

Au-delà de l'invisible

Dans nos cœurs esseulés l'invisible béant
Flotte, pose dans son empire les flammes,
Nouant ses lumineux récifs à l'océan,
Comme s'il déferlait, puissant, dans nos âmes.

Au-delà du miroir, le vide nuageux
S'égoutte, frôlant les flancs de la tempête,
Brise l'horizon, suspend l'instant orageux,
Qui courbe de près la voûte et sa conquête.

Un souffle léger se fend au bruit de l'air,
Pont suspendu par l'avalanche de l'aube,
Devant l'arche des lisières remplis d'éclairs,
Pareil aux ombres frêles qui sombre et titube.

Le calme s'installe, des rayons lies d'ardeur
S'envolent, languissants, vers les roses éthérées,
Qui s'abreuvent d'encens, penchées avec pudeur
Et s'évaporent sur notre peau enivrée.

On reste troublés par l'instant mystérieux,
Qui prédit l'amour aux lèvres entremêlées,
Et le soleil naufragé déferle envieux,
Auprès d'autel où trône l'harmonie ailée.

Une rose d'amour

Parmi les épines de la vie, une rose
Éclot à peine, belle comme le printemps,
Blottie aux rayons d'or elle chérit le temps,
Vivant pleinement ses rêves en symbiose.

Sa beauté est une couronne délicate,
Sous l'aurore qui semble renaître d'amour,
Ses pétales parfumés grisent les beaux jours,
Rallume la volupté d'un souffle aromate.

Parmi les lueurs changeantes, si mobiles,
Elle erre en profondeur de ses secrets en feu,
Sur un lit d'azur pose l'émoi des aveux,
La grâce trésaille en romance volatile.

Ravie, ficelée de soie, fait des promesses,
Ses baisers perlés glisse, revêt le matin,
Au nid folâtre elle fuit l'espoir incertain,
Et s'accroche à la brise, emplie de tendresse.

Troublée par la lumière

L'amour s'éveille sous la brise, soupire,
Dérobe l'émoi lié à l'écrin des bras,
Se mêle aux pensées abattues qu'on respire,
Franchit nos regards, apposant le son des pas.

Le temps s'effondre suivant la voie de l'âme,
Roule aux plis du chaos dévoilant les rêves,
Car ton cœur bat dans le mienne, jolie flamme
Qui vogue chargée de tempêtes sur la grève.

Delà du chemin la lumière me trouble,
Autant que ta voix et tous les souvenirs froids,
Lors elle plonge en rayons d'or qui nous comble,
En coupe de plaisir fondue dans notre nid.

Du destin tourmenté qui ne peut m'étreindre,
Je garde notre union et le chant puissant,
L'auréole, l'équilibre qu'il faut craindre,
Contemplant l'air vécu, ton regard apaisant.

Au-delà des sommets solitaires

Sur la route troublée, la même lumière,
Dans chaqu'un des recoins silencieux du jour,
Tombes-en drapée sur la pensée première,
Couronne de soie qui va embellir toujours.

La douceur m'enveloppe dans son royaume,
L'immensité ailées s'élève jusqu'aux cieux,
Car la rumeur céleste répand son baume,
Rien n'inquiet la beauté emailée des lieux.

Souvent, au-delà des sommets solitaires,
L'émoi me comble, union bénie tout autour,
Qui apporte couleurs à ma toile orbitaire,
Comme l'éclair sur le chemin de son retour.

Puisque tu es ma plus belle des histoires,
De tous les temps vécus, passé, présent, futur,
L'épaule amoureux, l'azur chargé d'ivoire,
La romance secrète, voilée de blancheur.

Un brin de bonheur échappé d'une prière,
Dans l'absolu qui règne s'égoutte en bouquet,
Nos destins, en clapotis sous les paupières,
Sourient à la magie, au rayonnement bleuet.

Bercée par le printemps

Le printemps nous berce au creux de son calice,
Parmi les gouttes de rosée et les courants,
Apportant la splendeur en torches de délices,
Plus haute que les rayonnements délirants.

L'air frémit et les aromes nous effleurent,
La voûte azurée s'effrite en flamme d'or,
Lors sur les rebords des toits la brise demeure,
Chuchotant de plaisir dans ce subtil décor.

Ébloui, tu poses, en douceur, à mes peut-être,
Un baiser braisé qui s'affole épanoui,
Et des envies qui cascadent pour renaître
Dans ton souffle, lors nos cœurs sont évanouis.

Sitôt, j'ai franchi l'émoi vif de ton âme,
Brisant aveuglée le passé dans le brouillard,
Afin de t'approcher j'ai goûté la flamme,
Puis, rêveuse, j'ai succombé dans ton regard.

Quand le soir songe

Le soir songe au-delà du rideau d'étoiles,
Drapé d'ombre mobile, de silences lourds,
Qui s'écoulent sur nos pensées en doux accord,
Déposant lueurs pures, tissées de voile.

Le regard traverse en profondeur les cimes,
La voûte feuillette l'horizon de cristal,
Jusqu'au trésor, au creux du céleste portal,
Quand la chaîne d'anneaux étreint les abîmes.

Au miroir vivant de l'univers, nos âmes,
Murmure leur émoi dans ce suave instant,
Qui trouble les hautes lieux par le sang battant,
Soupirant remué sans crainte de flammes.

Le soir songe au-delà du rideau d'étoiles,
Lorsque, si près des tourments entourés d'azur,
Le cœur s'étincèle, magie marbrée d'amour,
Brodant de douceur les mots bleus sur la toile.

Le collier de tes bras

Sur les contours du jour repose la pensée,
Telle la rosée qui naît sous le ciel ouvert,
Tandis que l'orée souple fleurit au désert,
L'avenir surgit et courbe l'aube angoissée.

La brise séduit le rêve qui se cache
Derrière nos cils et au lever du soleil,
Respire des sourires fous, au goût vermeil,
Sous le charme d'un bonheur en avalanche.

Auprès de toi, suis prête pour le voyage,
Les yeux ravis, j'ose un destin miraculeux,
Comme un frisson qui vient de loin, si fabuleux,
Je reste blottie contre toi en doux corsage.

On se retrouve lié à l'air aromate,
Dans le calme de tes bras, superbe collier,
Moment douceur qui enivre sans délier,
L'âme ivre d'une émotion presque écarlate.

Hors du temps

Mon âme trésaille, couvert de silence,
Dévoilant l'écho qui trouble l'émoi en fleur,
Comme l'onde d'un sourire doux, cajoleur,
Qui, derrière le voile, change l'ambiance.

Au calme des yeux, sur leur contour fragile,
Je te rejoint, avec mes mots bleus, mon désir,
Pour t'adorer, t'offrir mon amour à choisir,
Lors nos mains se jointe en prière subtile.

Et, hors du temps, à l'aube, en fils de lumière,
Sous l'écorce du jour, entre les grands flambeaux,
On monte, joncés par de suaves aveux,
Vers l'orée frêle sans lever les paupières.

Des mots, des frôlis de cœur, des nuées croisées,
Fondent dans la douceur, en gouttes de baisers,
Rêvant de pureté, de l'azur pavoisé,
De mystères lors la grâce est canonisée.

Dans le calme apparent

Le point du jour parfume le baiser du ciel,
Glisse l'amour sous la couche de lumière,
Tandis que l'aile des anges, en vol éternel,
Berce l'au-delà, l'absence, l'âme entière.

Le silence explose en milliers de diamants,
Puis serpente, murmure et frissonne en larmes,
De loin, sur chaque flottement surgit charmant,
Exquise empreinte gravée dans le vacarme.

Au bord de l'aurore, sur les chemins ouverts,
Le matin se penche, comme une offrande,
Perle le souffle des frémis sages, déserts,
Nos lèvres avides, aux senteurs lavande.

Tout autour de nous, dans le calme apparent,
Le temps reste encor suspendu aux promesse
Et le cœur virevolte, splendeur des serments,
Éclairant l'aveu de jadis, plein de tendresse.

Aux dés du hasard

Aux dés du hasard tu es la vague immense,
Qui m'enroule, pareil le vent les belles fleurs,
Afin de loger l'écho des mots en plein cœur,
Jusqu'à l'ivresse de l'âme dans l'air dense.

Je suis près de l'émotion presque irréelle,
Perçue, un soir de clair de lune, sur les cieux,
Qui veille dans son berceau l'encens précieux,
La joie, au touché, des courbures fidèles.

Sitôt, en pluie d'essences l'amour nous guide,
Vers l'astre qui renaît dans l'écume, discret,
Qui allume l'ombre des roches sans regret
Et perce, en silence, la sève limpide.

Et au-delà de nous, l'espace d'améthyste,
S'ondule sous les coups du vent impétueux,
S'enfonce dans les profonds rêves, langoureux,
Creuse l'obscurité du destin complotiste.

L'aveu

L'aveu accru tresse les voiles volatiles,
L'ombre se niche dans l'éther silencieux,
Explose dans les éclats acérés des cieux,
Rayonnant en chaos isolé, fragile.

Suspendu aux secrets, gémit tel un songe,
À chaque fois quand le cœur est lourd de désir
Il erre sous son masque, emparé d'un plaisir,
Conçu à insuffler l'amour au sort qui change.

L'aveu rayonnant tisse l'avenir en soie,
Métamorphosant la fleur, joie de papillon,
Autour du soleil il s'accroche en médaillon
Et s'adonne aux murmures, voltige et tournoie.

Source de vibration il fend la pierre,
La flamme qui nous incarne en rythme éternel,
L'espoir fléché au creux des antres solennels,
Qui s'infiltre passionné dans nos prières.

Table

Sur le rebord des aurores /7
En doux soupirs /8
Une pensée /9
Souffle d'automne /10
Harmonie /11
Cœur feuilleté /12
Sous la clarté d'azur /13
Aux portes de l'univers /14
Autour de nous /15
Cœur d'octobre /16
Je me souviens /17
Amour éveillé /18
Rêverie /19
Au chevet des nuits /20
Sur le bord du ciel /21
À la croisée des anges /22
Éclats d'amour /23
Au levant /24
Au fond des voiles /25
L'impalpable splendeur /26
L'éveil de la nuit /27
Autours de nous /28
Un peu de toi /29
Au bord des lisières /30
À l'ombre du rêve /31
Sous mes doigts /32
Devant toi /33
Comme un souffle léger /34
Le cœur en coupe /35

Table

Dans le berceau du néant /36
Auprès du néant /37
L'automne /38
Septembre /39
En accord divin /40
Mirage /41
Cœur d'automne /42
Ébauche /43
L'anneau de nos âmes /44
L'écho de ton cœur /45
L'éclat des songes /46
Au-delà des silences /47
Bonheur caressant /48
Divine féerie /49
Aux creux de l'aurore /50
Telle une fleur sauvage /51
Dans l'élixir divin /52
Quand l'âme frémit 54
Vêtue d'amour /55
Émois orchestrés /56
Ton sourire /57
Drapée d'amour /58
L'oiseu /59
Il y a des jours /60
Comme un souvenir /61
Je t'ai dessiné /62
Ce soir /63
Au cœur des cieux /64
Tu es... /65
À l'ombre de ton regard /66

Table

Auprès des friselis /67
Au seuil des cimes /68
Au bout des doigt /69
À travers l'émoi /70
Sous la voûte bleutée /71
Je songe /72
Mirage d'orfèvre /73
Désir en flambeau /74
Murmures silencieux /75
Au rythme de l'amour /76
L'émoi des yeux /77
Comme un brin de bonheur /78
Au lit de l'aube /79
Les songes /80
Mon âme /81
En vol argenté /82
Lors l'âme vibre /83
L'hiver /84
Au rythme de son cœur /85
Lors l'ange passe... /86
Aux carrefours des lisières /87
Dompté par le désir /88
L'exquis hasard /89
Au temple de l'âme /90
À l'ombre de tes cils /91
Au-delà de l'invisible /92
Une rose d'amour /93
Troublée par la lumière /94
Au-delà des sommets solitaires /95
Bercée par le printemps /96

Table

Quand le soir songe /97
Le collier de tes bras /98
Hors du temps /99
Dans le calme apparent /100
Aux dés du hasard /101
L'aveu /102